Jun Suk Hong

자운영 논둑길을 걸으며

전석홍 시집

자운영 논둑길을 걸으며

시학
Poetics

■ 시인의 말

  시를 쓰고 싶어 시를 쓴다. 왜 시를 쓰고 싶은 것인지 나도 모르는 일이다. 그저 어렸을 적부터 시가 좋아서 시를 통해 내 느낌과 생각을 표현하고 싶었을 따름이다.
  그래서 내가 가진 직업상 어쩌지 못하는 시와의 거리 속에서도 마음이 이끌려 혼자 시를 읽고 시심이 나를 찾아들면 꾸준히 메모를 해 왔다. 이것은 누구에게도 말하지 않은 나만의 것이었고 나만의 시적 체험이고 축적이었다.
  언젠가는 시 쓰기에 몰입하고 싶었다. 그러나 그리 쉽게 이루어지는 일이 아니었다. 활동환경에 따라 나의 결의가 필요했다. 늦었지만 마음을 정리하여 지금 그리 하고 있다. 삶의 원점에 서서 겸허한 자세로 열심히 시의 산등성이를 올라가려 한다.
  여기 묶은 시편들은 새로이 시 쓰기를 시작한 이후 쓴 시들이다. 시 공부와 시의 길을 열어 가는 데 길잡이가 되어 준 여러분께 깊은 감사를 드린다. 그리고 시의 세계를 가꾸어 가는 데 아낌없는 박수를 보내 주는 가족에게 고마운 마음을 보낸다.

2006년 12월
전석홍

차례

■ 시인의 말
■ 작품 해설 | 김재홍

제1부 풀잎 이슬 더불어 산다

풀잎 이슬 더불어 산다	15
우수雨水 알레그로 풍경	16
백목련	17
나와 벌레 사이 길이 멀다	18
빈 들판	19
종이 한 장의 품도 따뜻했어라	20
소철蘇鐵에 대하여	21
폭설 바다	22
피아골	24
까치집	26
나무의 집	27
그림자 그늘을 읽다	28
능소화	29
소나무 청그늘 아래에서 · 1	31
소나무 청그늘 아래에서 · 2	33
겨울 담쟁이	35
바람 불다	36
부스러기	38

제2부 겉과 속을 위한 발라드

가로수 43
겨울 비둘기 45
구름바다 46
선암사 졸참나무 47
겉과 속을 위한 발라드 49
거미그물 50
천변풍경을 다시 보며 52
너도밤나무? 53
안개바다 55
분수령을 넘어 56
내력來歷 58
겨울나무에서 봄꽃까지 60
웅굿나물꽃이 살아가는 법 61
산의 신음 63
노트르담의 종소리 64
겨울나무 66
도갑사 67
독도 69
해바라기 70
그러려니 71

맥문동 72
남의 등줄기 타고 73

제3부 뿌리의 그늘

뿌리의 그늘 77
자운영 논둑길을 걸으며 79
한 줌의 흙을 쥐고 81
통통 섬 마음 82
논두렁에 앉아서 84
달구지는 구르고 싶다 85
어느 시인의 도리깨질 86
백목련 꽃밥그릇 87
보리밭에서 88
절벽 아래서 89
억새풀 91
땅끝 마을에 와서 93
화순 고인돌 94
모란꽃 진자리 96
선운사의 까치밥 98
오동나무 99

제4부 잃어버린 시간을 찾아서

어머니의 바위부처　103
볏짚　105
어머니의 맷돌질　107
그해 겨울　109
내 마음의 부싯돌　111
내 소년 툇마루에 앉아　113
어머니의 하늘 밭　114
우화등선 羽化登仙　116
어머니의 실루엣　118
이승 저승 갈림길에서　119
연 鳶　121
배꼽 동아줄　122

제5부 시간 고속열차를 타고

시간 고속열차　125
고인돌　127
언덕　128
의자　129
폐지의 길을 따라 달리다　130
겨울 햇살　131
너의 옛집에 들러　132
무쇠가위　134
봄은　135
뻥튀기　136
건널 수 없는 강물이 영원으로 흘러간다　138
비수　139

제1부
풀잎 이슬 더불어 산다

풀잎 이슬 더불어 산다

이슬방울 아슬아슬
풀잎 끝에
간밤 누군가의 눈물처럼 매달려 있네

금방 몸뚱이 놓아버리고
지구와 맞부딪쳐 우레우레 칠 것 같은데

눈이 휘둥그레진 이슬방울
풀잎에 엉기어 발버둥치고 있네
삶의 벼랑에서 떨어지지 않으려

하늘하늘 풀잎 하나 휘어지면서
온몸을 힘껏 끌어올리고 있네

사랑의 샘물이 흐르네
그대 눈동자의 이슬방울
한 줄기 햇살이
무지개 그네를 타고 있네

우수雨水 알레그로 풍경

얼음 박힌 산골 개울물
숨통이 트였는지 재잘재잘
유리알 얼굴을 반짝거린다

산머리 새하얀 잔설
녹으며 뿜는 한기가 뼈를 스며드는데
뉘 손이 저리 정성스레 겨울옷을 입혔을까
마당의 크작은 나무들

사방 훤히 트인 뜰 한가운데
장작불 툭툭 튕겨 오르고
두 손 벌려 노곤히 마음 달구는 두 젊은이
대보름 고향 달 떠올리며
시름 태워 연기에 띄워 보낸다

문득 어디서 들려오나
오랜 잠 깨어나 맨발로 달려오는
먼 산골 눈녹이 물소리

백목련

햇솜 같은 백로 새끼들
기다림에 부푼 가지가지에
무리무리 앉아 있다

붕어 주둥이 벙긋벙긋
햇살 머금으며 겨울 깃털을 고르고 있다

나와 벌레 사이 길이 멀다

점심상에 오른 들깻잎
쌈하려 한 잎 골라 들었더니
여린 한쪽에 벼랑 허공이 박혀 있다

동그랗게 허기를 채우고 간
벌레의 이빨 자국
서걱서걱 길을 내는 소릴 들으면서
밥과 막된장을 잎에 싸서
고풋한 입 안에 밀어 넣었다

상큼한 향내, 깊은 맛깔
하나의 먹거리를 두고
벌레가 먼저 기어올라 먹이길을 열고
나는 그 길의 자죽까지를 먹어치우는

벌레와 나와의 아득한 생의 거리

빈 들판

텅 빈 그릇이다
신이 빚은 거대한 질그릇

감추어졌던 가슴밭
높낮은 곳 부끄럼 없이 열어제치고
엷은 햇볕 비스듬히 쪼이고
고추바람 살 속 비집는 얼얼함
저린 마음은 날개 돋혀 허공에 뜬다

비움의 가벼움
가벼움의 편안함으로
뼈만 앙상한 겨울의 등성이 너머
새로운 초록의 꿈 꿈틀거린다

종이 한 장의 품도 따뜻했어라

어디서 날아왔을까
구겨진 신문지 한 장
집 뒤란 메마른 잔디밭을
꼭 그만큼의 크기로 덮고 있다

북풍받이 바람막이, 그 몸통엔
눈발이 깔고 앉아 냉기 쏟아 내고
된바람 서릿바람 짓밟고 간 발자국이
상처상처 얼룩져 있다

가슴속 뿜어내는 한 줄기 입김이
추위에 떠는 사람의 언 손가락을
녹여 준다 했던가

먼먼 겨울저녁 강을 건너서
그 신문지를 닮은 둘레에는, 맨 먼저
흙 속에 숨어 있던 잔디 싹이
파릇파릇 솟아오르고 있다

소철蘇鐵에 대하여

시간의 발자국 따라
역사처럼 차곡차곡 쌓인 줄기
버팀기둥이 되어 파릇한
이파리 이파리 받들어 키우고

그 잎자루, 한 철 지나면
이제 또 다른 새 순 키워 내려
전에 걸어간 길 따라 밑동 줄기로
가만가만 내려앉는다

까마득히 올려다보이는 저 잎삭들
푸른 하늘바다를 타고
새근새근 입김 피워 내는 것을 본다

나를 묻어버린 줄기의 버팀목과
새 순들의 이어 가는 숨쉼으로
우리는 이렇게 성장하는 소우주가 된다

그 호흡으로 나도 살아가는 것이다

폭설 바다

1
천근 침묵이
폭설 바다를 짓누르고 있다
닻을 내린 집의 선단들

수북한 무게에 겨워
고단한 잿빛으로 떠밀려 있고
비닐막 난파선 허리춤까지
눈보라 해일 넘실거린다

2
사람 흔적 없는 원시의 단절
농심은 수천 길 수심에 잠겨
숨이 차오르는데
저만치서 겨울 물새 떼들
몰려다니며 흰 물낯 쪼아대고
철마는
눈부신 설원을 달린다

둥그스름 내려앉은 하늘 끝엔

아직도 눈발 숭얼숭얼

매달려 떨고 있다

피아골

산등성이 몸뚱어리 일으켜
위로 위로 치오른다
산자락 밑자락이 드리워 포근한 자리
노루가족 예서 봄처럼 놀다 가고
바람도 발을 멈춰 기웃거리네

크디큰 나무둥치같이
벋어 내린 산의 수없는 젖줄들
바위틈 뚫고 나온 샘물 골짝골짝 고여들어
생명의 계곡을 넘쳐흐르네

바윗돌 뿌리까지 드러내면서
골도는 물길 터 주고
메마른 가슴이며 얼굴 적시고 흘러내리네
벼랑에 부딪쳐 산의 정령을 일깨우네

높은 봉우리 햇살 아무리 반짝거려도
언제나 그늘이 깊고 깊어

산은 역사처럼 깊어만 가고
나는 혼자 구름의 명상에 빠져 드네

까치집

누가 옮겨 심었을까
매연 자욱한 거리
은행나무가 까치집을 머리에 이고
열병식을 벌이고 있다

한적한 마을 어딘가 뿌리내려
까치들의 보금자리 되어 주다가
도시로 그냥 팔려 나올 때
까치는 집을 잃고
허겁지겁 천지사방 헤맸을 게다
지금은 어느 가지 끝에 앉아 있을까

고층건물 밑에 깔린 저 빈집
매캐한 내음, 소음 가득 담긴 채
허수아비처럼 시간의 팔뚝만 내젓고 있다

나무의 집

크작은 집나무들 숲마을 이루고
광합성 연기 모락모락 피워 올리며
원시의 내림대로 이웃더불 살아가네

나드는 길 골목절목 열리어
한사코 인적 드문 꽃자리 찾는 짐승들
안방처럼 둥지 틀어 생기를 돋우네

계절의 색색 지붕
새소리 물소리 벌레 소리 원음原音의 노래
바람도 귀솔솔 엿듣고 가네

나무집에 누워 밤하늘 천정 우러르면
지붕에 속속알알 박혀 오는 초록 별들
아스라한 날의 속삭임같이
소곤소곤 가슴속을 파고드네

그림자 그늘을 읽다

광속光速의 계절이
비켜 간 자리
어느새 어둠이 둥우리를 튼다

어디든 가리지 않고 가장 낮은 곳에서
말라버린 빈 몸뚱이 부려놓은 채
바람 불면 적막 속에 흔들거리는 내 마음의 가랑잎
일렁이는 물살 따라 시간의 쪽배가 출렁인다

빛을 등지고만 다녀
언제나 거무스름 그늘진 몰골
아무리 밟아도 밟히지 않고
무너뜨려도 넘어지지 않는 저 가벼운 몸짓

빛의 고무레로 빛살을 되감으면
함께 어둠 속으로 사라져버리는
빛의 깊고 서늘한 그림자 그늘

능소화

오늘도 초록 이파리 틈새 비집고
여린 볼 봉화불로 타오르면서
여기 애타게 기다리고 있구나
누군가를 기다리다 기다리다가
다발다발 꽃으로 피어난 옥아,

어느 들길 타박타박 걸어오고 있느냐
먼 발걸음 소리 아슴아슴 귀 모아 들으려고
나무 등거리 안개무등 타고 올라
귓바퀴 곤추세우고 있나니

혹여 길 어긋나지 않을까
깜박깜박 초롱불 높이 치켜들고
모가지 길게 뽑아 올려
생나무 울타리 앞 서성이고 있구나

살랑바람 밀려들어 낯바닥 간질이면
고개 살래살래 흔들어대면서

멀리멀리 시간의 물살 흘려보내는구나

기다림의 길이는 얼마나 멀고
그리움의 무게는 또 얼마인지
너의 숨결에 귀 기울이고
눈 부릅떠 푸르른 하늘 응시하는
내 마음의 꽃 옥아,

소나무 청그늘 아래에서 · 1

저 소나무 그늘을 보아라

서릿바람 눈바람 속
서슬 퍼런 바늘 창끝 세워 찌르며
스러지지 않는 청청한 기개를 펴면서
넘실대는 저 늘푸른 청솔의 파도를

솔가지 밑 소리 없이 소복소복 쌓여 가는
피멍 아린 이파리 이파리
풋풋함 간직하려는 눈물샘이
깊이깊이 고여 있는

너와 나 함께 길을 걸어도
고개 들고 어깨 펴고 살기 위한
발걸음 발걸음마다
오장육부 속으로 녹아 가는
솔가리 가랑잎 가랑잎들

식은 땀 절어 눈물에 젖어 내린다
하늘과 땅에 경배한다

소나무 청그늘 아래에서 · 2

등허리가 굽었구나
누덕누덕 살갗이 터졌구나

바위틈 시간의 줄을 붙들어
하늘벽을 타고 오르며
스스로의 길을 만든다

오르는 길목 매듭매듭
피멍 맺힌 옹이 딛고 서며
새파란 붓날 높이 치켜세우며
일필휘지一筆揮之
세한연후 지송백지후조야歲寒然後 知松柏之後凋也*
생의 그림자 깊이 드리운다

---

*추운 겨울이 된 뒤에 비로소 소나무와 잣나무가 늦게 시드는 것을 알 수 있다는 뜻. 논어에 있는 말로 추사 김정희가 '세한도'에 인용함.

계절의 바람살 늘 바뀌어도
한결같이 청청한 너의 눈빛
강파로운 오르막 헤집고 오는
너 여기 한 그루 낙락장송으로 서 있구나

겨울 담쟁이

영하의 잿빛 콘크리트 담벼락에
매달려 있다

실오리 하나 걸치지 않은 나무
우듬지 하늘 치켜들고
우두커니
목을 빼 들고 있다

앙상한 뼈들 널려 있는 겨울 들판
서릿칼 머금은 바람만
잔뜩 웅크리고 있다

무엇을 기다리는 것일까
보이지 않는 내면의 불꽃 싸움
수없는 가시고비 아픔을 넘어
희망의 빛을 향한
저 겨울 담쟁이의 낮고 우울한
발걸음

바람 불다

1
어디서 와서 어디로 가는 것일까

길 비탈 우두커니 서 있는
나뭇가지 풀잎들이 몸살몸살 흔들어댄다
꼽발 딛고 내달리는 듯 저만치서
또 바람의 파도가 출렁거린다

손에 잡히지 않는 그 몸통, 때론
보드라운 살결처럼 물결치다가
성난 채찍처럼 휘몰아친다
존재의 흔들림만 가늘게 보이다가
문득 가뭇없이 사라져버리는

2
바람의 옷자락 날리며
생의 굽이 굽잇길을 구르며 차오르며
땀에 절어 예까지 함께 치달아 온

그 사람, 바람의 사내

금방 여기 미소 짓고 있었는데
지고 다닌 무거운 짐 목숨처럼 부려놓고
혼자서 어디론가 가버리고 없네

바람은 어디서 와서 어디로 불어가는 것일까

부스러기

작은 것을 쉬 생각합니다

일 초가 모여서
하루가 되고 일 년이 됩니다
작은 물방울이 고여
홍수가 됩니다
작은 베품이 쌓여서
은혜가 되고 은총이 됩니다
사람의 작은 힘이 합쳐지면
철벽을 뚫습니다

작은 것은 큰 것으로 가는
걸음걸음입니다

내가 부스러기라고 느낄 때
낮아지고 겸손해집니다
눈물이 있고 사랑이 있으며
감사함이 있습니다

내가 부스러기라고 느낄 때
마음의 평화가 꽃을 피웁니다

제2부
겉과 속을 위한 발라드

가로수

열병식 줄지어 서 있다
주민등록 코드번호 매겨져
설계도에 지정된 자리

고층건물에 갇혀버린 원시의 들판
직선의 칸 안에 붙박여서
엉금엉금 뻗어 가는 줄기들
동강난 상처 자국 허공처럼 박혀 있다

흙 속 파고드는 발부리
얼키설키 시멘트벽 막히어
단물 찾는 실뿌리만 무성해 가고
땅가죽 스미는 물길
보도블록이 가로막고 있다

쉼 없이 쏟아 내는 쇠수레의 독나방에
온 몸뚱이 시커먼 피멍 무늬져

가로등 백야 뜬눈으로 지샌다
어디서 뽑혀 와 여기 서 있는 건가

겨울 비둘기

눈밭을 쉴 새 없이 쪼아대고 있다
피멍 빨간 맨발 종종걸음
알대가리 끄덕이며 비둘기 한 쌍

무엇 있을 것 같지 않은 눈바닥
온몸으로 여린 부리 꽂을 때마다
뼛속 깊이 파고드는 냉기
보다 더한 허기 울려오는 쇳소리

평화의 잎새 물고 다니며
먹이 즐겨 주던 그 숱한 손길들
어느새 환경 해친다 내치는 서릿발이
얼음장보다 차가웁구나

매운 아침 겨울나무로 서 있는 나
기뚱기뚱 목숨줄 지고 가는 굽잇길 응시할 뿐
비둘기 두 마리 연신
아린 빈속 창자벽을 쿵쿵 찍어대고 있다

구름바다

노고단 산등성이 고래 떼가 꿈틀댄다
우뚝우뚝 고개 쳐드는 영봉마다
자락 펼친 골짝골짝이 출렁인다

여기 잠깐 구름 아래 발 디딘 나
산죽山竹으로 자꾸자꾸 쪼그라드는데
내려다보이는 터전 삶의 터전들
산이 남긴 틈서리에 박혀 좁으장하다

산의 정령 머물러 있는 자리
차곡차곡 쌓아 올린 돌탑들이
제례 올린 천년 숨결을 묻고 있다

어느새 서서히 허리 감겨 온 구름바다
산봉우리들 저마다 섬이 되어 떠가고
텅 빈 고요 속
화엄사 천년 별빛 종소리가
신라적 하늘 울리며 파도쳐 밀려온다

선암사 졸참나무

1

선암사 오르막 숲길
아름드리 졸참나무들
수백 년 한자리 붙박여
세상 불솥에 비틀리며 뒤틀리며
생을 꼬아 올린 울퉁불퉁한 몸뚱어리

칼날 에이는 바람서리
속으로 속으로 견디며 삭히며
뼈만 앙상한 산등성이
처럼 부르터버린 아버지의 팔다리

2

길 가운데 선禪에 든 채 천연히 서서
오내리는 사람들 굽어보는 졸참나무
길도 갈래갈래 비켜서 가고 있네

짓누른 제 무게 이기지 못해

찢겨져 나간 자서전 밑동만 남은 수목 사이
나이테 달아버린 채 군데군데 주저앉고 있는

조계산 뿌리에서 샘솟은
얼음장 시린 물
숲길 울리며 졸참졸참 어디론가 흘러가네

겉과 속을 위한 발라드

하얀 살 겹겹으로 싸인 양파
한 가닥 한 가닥 껍질을 벗겨 내면
속 시커먼 심보의 웅덩이가 도사려 있다

손끝 닿지 않은 맨 안쪽에
은밀히 '나'를 담아
층층으로 싸고도는 살집 포장
나무껍질같이 단단한 표피 둘러쓰고
도시 표정으론 읽어 낼 수 없는 너의 속내

문득 메아리도 흐느낌도 없이
바람결에 실려 귓전 흔들어대는
소리 소리의 혼
울대 밑에 깔린 원음은 무엇인가

잔잔한 물거울 속의
수십 길 물길 아래
기척 없이 흘러가는 물살에 휩쓸린
순하디순한 역사의 군상들

거미그물

1
불볕더위 등에 지고 이고
하늘하늘 날아올랐나
한 뼘 창유리 헛디더
고층 옥탑방에 빠져 들었구나

사면팔방 탈출구 찾느라
방충망 구멍구멍 박힌 하늘을
머리 부딪치며 힘껏 날갯짓한다
아무리 파닥거려도 제자리
겹눈 홑눈 사발눈 굴려 봐도 소용 없다

2
삶의 고단한 길목
보이지 않는 거미그물에 걸려
그 안에 몸통 가둬 두어야 하는
필사의 발버둥

손 집게로 조심스레 양 날개
포개 잡는다 내 맘 모르는 애기좀잠자리
겁에 질린 모가지 이리저리 내두르며
안간힘 다 쏟아 낸다

마침내 좁은 창 허공 헤치고
사라져 가는 저 가벼운 날갯짓

천변풍경을 다시 보며
— 소설가 구보仇甫에게

하늘의 파란 물빛 옷깃에 젖어 든다

어둠의 늪에 갇힌 성안의 젖줄이
한세월 시커먼 물찌꺼기 게워 내면서
잃어버린 길목 더듬더듬거리다가
청계천 중머리 휘모리 가락으로 넘쳐흐른다

버들치 기름종개 꽁무니 흔들고
흰 물새 짝지어 가슴 적시는 시간의 여울 속에
들뜬 발걸음 징검다리 건너뛴다
앉은뱅이나무 나팔꽃 담쟁이넝쿨 물풀들
아침 햇살에 젖은 볼을 부벼대고

시멘트로 가려졌던 광장교 돌다리 옛 숨결들
잿빛 이끼 걷어 내어 미소 짓는데
고향의 냇갈 향수 굽이굽이
내 마음속 봄 물길 되어 흘러간다

서울 아침은 볼 밝은 능금 빛깔이어라

너도밤나무?*

"이 밤 먹을 수 있어요?"
아침 공원 산책길에 두 아주머니
밤톨 하나 주워 들고 묻는다
여긴 밤나무가 없는데

(높기만 한 보릿고개 두꺼운 벽 까부시려
소득증대사업 불을 붙여
밤나무 곡수촌을 한창 일구울 때
유럽을 시찰하고 돌아온 한 공무원)

길가에 밤알이 별같이 널려 있어도
주워 가는 사람 없더라고
언제쯤 우리도 그리 되어 볼까 참 부러워하더니

밤나무 곡수촌이 덤불 속에 가라앉고

---

*너도밤나무는 울릉도 특산임.

매실촌이 화사한 꽃향기 내뿜을 무렵
로마 가로에 떨어져 몸겨누운 밤알들

내가 본 그것은 마로니에 열매였다
고동빛 알맹이에 꼭지 없이 매끌매끌한
이 나무를 너도밤나무라 한다니
울릉도 토박이 너도밤나무가 웃고 있겠다

안개바다

긴 잠에서 깨어난 물낯바닥
누가 밤새 깊은 숨결 허공에 뿜어냈나
사방이 통째로 가리어
높낮음도 멀고 가까움도 없다

저마다의 간격을 두고
그 길을 재 가며 살아야 하는
너와 나 사이
피어오르는 안개더미가 지워버려
깃털만큼 가벼워진 마음 나래를 편다

이윽고 물안개 걷히어
감추어진 얼굴들 서서히 드러나고
다시 거리를 재어 보는 굴레길 걸어야 한다

어디선가 스쳐 오는 바람결에 희끗희끗
안개산 봉우리의 벌거벗은 나무들
달걀 품은 암탉같이 안개깃에 안기어
새 움 눈 촉촉이 적시고 있다

분수령을 넘어

산마루가 쏟아진다
빗물이 등줄기 타고
흘러내린다

두 갈래 길 서로 멀어지며
너와 나, 생의 길목길목
가로지른 등성이에 서서

안개길 찾아야 하는 여정旅程
가면서 부닥치는 가시덤불, 너덜길, 오르막들
이제 이 비탈길에 멈추어
'불멸의 이순신'을 보고 있네

할아버지 숨결 서린 땅살 등짐꾼
역사의 굽이굽이 굽은 어깨에 지고
칼날바람 바람에 기우뚱거리네

한 가닥 송곳바람 막아 주는 바람벽

바람 막는다 제 몸을 허물어뜨리고 있네
골라잡아 가는 길 낭떠러지길

오늘도 샛강물은
누구의 가슴속을 굽이쳐 흐르는가

내력來歷

유리알같이 투명하게 물든
나뭇잎들이
저마다의 색깔과 무게로 한 잎 두 잎
정든 둥지를 떠나갑니다

가을비가 짧게 밟고 간 나무 잎사귀
물기에 흠뻑 젖어
그만큼한 목숨의 중량으로 뚝뚝 떨어져
나무 밑에 쌓입니다

서릿발 깨문 바람이
마지막 붙어 있던 나뭇잎들을 우수수
폐지처럼 멀리멀리 날립니다
길바닥, 지붕 위
자동차 폐차장에 떨어져 어디론가 실려 갑니다

문득 생각난 듯 달려온 늦가을 눈이
흩날리며 흩날리며

떨어져 누운 가랑잎 위에 하얗게 덮여
유년의 풍경을 그려 냅니다

아름다움 시샘하듯이 나무는
안으로 안으로 인고의 시간을 견디면서
맨몸으로 새 움 트일 봄의 진통을 준비합니다

겨울나무에서 봄꽃까지

저녁놀 그림자 드리운 공원의 뜨락
바싹 마른 잎사귀 하나
햇솜바람에 날려 귀뿌리 긁어댄다
땅바닥을 알몸으로 궁글어 간다

아쉬움이 얼마나 크길래
어느 가지 끝에 겨우내 매달려 있다가
된바람 다 견뎌 내고 이제사 쫓기면서
저 혼자 목 갈리는 소리 쏟아 내는 것이냐

너에게도 하늘바다가 담겨 있느냐
가는 길목엔 비켜서야 할 때 비켜설 길이
물길처럼 구름처럼 열려 있는데

나무에서 트여 오는 새 움의 눈
개나리 말갛게 눈 씻고 나온 꽃망울이
방긋방긋 햇노란 미소 짓는다

옹굿나물꽃이 살아가는 법

 1
 길가 나즈막한 비탈가지
 향나무, 가죽나무, 아카시아, 피마자, 호박, 가지, 칡넝쿨
 판자촌같이 발 뻗을 곳 없는 터전

 키 큰 놈은 햇볕 맘대로 쪼이고
 키 작은 놈은 그늘에 가려 잎사귀만한
 햇볕이라도 쪼이려는지 귓바퀴만 쫑긋쫑긋
 호박은 낮은 포복으로 양지녘을 찾아가고
 칡넝쿨은 아예 큰 나무 등이나 전신주를 타고 올라
 햇볕을 독차지한다
 이런 속에서 꽃이 피고 열매는 영글어 간다

 2
푸른 잎들이 가을로 물들어 가는 계절
소슬한 바람이 불면 슬며시
나뭇잎 그늘에서 다른 풀 제치고

이쁠 것도 미울 것도 없는 흰 꽃무리 앞세워 고개를 내민다
옹긋나물꽃

옹골지게 피어 가을 하늘 햇살을 쪼인다
어느 구석에 엎드려 있다가 철을 알고 피어오르는 것이냐
지금 이 아수라의 터전은 너의 것이니
꽃이라야 너밖에 없다
어둠이 들면 달빛 그림자 밑 귀뚜라미 소리 들린다

너의 사는 모습에서 우리를 본다

산의 신음

갈수록 저벅저벅 산등성을 타고 오르는
거친 발자국 쇠발자국 소리
땅차, 삽차의 쇠발톱 찍는 소리들
속살 후비고 뼛골 뭉개 무너져 내리는데

가만가만 북상한 소나무재선충은
등허리 옷깃 슬며시 파고들어
둘레의 나무옷 누더기를 만든다

소리 없는 신음은 메아리도 없는가

노트르담의 종소리

어둔 시간의 터널 이십사 년
고아원에 맡겨져
수만리 낯선 땅에 입양한지

가시밭 어둑발 딛고
어엿한 어른이 된
송 · 미 · 영

핏줄은 초강력 자석인가
엄마 찾는 방송 본 어머니 소스라치고
가슴 황야에 묻은 딸 만나러
바다 건너 파리에 갔네

노테르담 성당 내려다보는
세느강 고수부지 서로 달려와
껴안고 뜨겁게 얼싸안고 두 볼을 문지르네
얼굴 잊었어도 핏줄의 굽이침은 강물인 것을

용서해라 미안하다 사랑한다

이쁘게 참 잘 컸구나

감사해요 엄마 사랑해요

닮았어요 닮았어 라며

성당의 종소리 하늘과 땅에 울려 퍼지네

겨울나무

중세 철갑 기사 모습이다
길가 야트막한 언덕배기
겨울 느티나무 한 그루

벋어 가는 줄기 뚝뚝 잘리어
몸통만 그 자리에 우두커니 서 있다
넘친 수액이 피멍 되어
잘린 자리 주먹만한 혹 부풀어 오른 채
가지칼 빼 들고 눈 부릅뜨고 있다

저 뿌리 깊은 나무,
아무리 줄기 잘리고 몸통 꺾이어도
변함없이 나이테 감아 돌면서
서리칼날 세우고 있다

도갑사*

월출산 줄기줄기 멈춰 선 자리
마음 가득 짊어지고 해탈문 들어서는데
국사전 도선국사 어느새 꿰뚫어 보았을까
어서 짐 부려버리란 설법 귓전 울려온다

돌 초석 천년 향취 그윽한 뜨락
가로누운 크나큰 돌구유엔
즈믄 해 달빛 서린 맹물만 철철 넘쳐
목 축이는 한 모금 멍든 넋 일깨운다

바위틈 얼굴 내민 유리알 물줄기
도선수미비道詵守眉碑 발부리 적셔 흘러
백발 풀어 내리박는 용수폭포수
석조여래 엷은 미소 안아 맨몸으로 흐른다

---

* 도갑사: 전라남도 영암군 군서면 도갑리 월출산 기슭에 있는 사찰.

정혼精魂 스민 범종소리 산벼랑 울려
저녁놀 끝자락으로 번져 갈 때
스님의 낭랑한 독경 소리
바위산, 나무 조용히 귀 기울인다

독도

아스라한 동녘 바다
발부리 깊은 물속 터 잡아 서서
'한국령韓國領'을 지키는 정계비定界碑

천년하고도 반 천년
우리의 혈관 함께 맥박치고
돌멩이 나뭇잎 풀포기 하나에도
모국 말씨 스며들어 눈빛으로 말한다

칠천만의 혼백이 응결된 철갑鐵甲섬
거치른 풍랑이 몰아칠수록
함성 소리 드높이 태극 깃발 더 휘날린다

해바라기

별빛 쏟아지는 밤이면
조용히 숨죽여 기다린다

세상의 모든 것 다 변해도
한마음 클리티에*의 정절貞節
햇볕으로 영근 씨앗 속 고이 담기어
불변의 표상으로 이어 가누나

언제나 모가지 우뚝 치켜들고
해만 좇는 보름달 네 얼굴

---

* 클리티에: 그리스 신화에 나오는 물의 요정으로 아폴로를 그리워하여 해바라기가 됨.

그러려니

아침 산책길
뒤따라온 한 중년 어머니
"너무 예민하지 말고 그러려니 살아라"
딸에게 전화로 타이르는 잔잔한 목소리
내 가슴 울려온다

궂은 일 안으로 삭이고 녹이면서
속멍이 시커멓게 들어도
침묵으로 가정의 뿌리
지켜오고 있다 우리 어머니
아이들 잘 크길 기다리며

아득한 날부터
어머니 마음에서 마음으로 물려오는
'그러려니'의 뜨거운 핏줄
이 아침에도 이어지는 소리

맥문동

아지랑이 촉촉이 엉겨오면
석고처럼 굳어버린 허리 기지개 켜고
비바람 흥건히 젖은 모가지 치켜세운다

갈매빛 이파리들 얼기설기
깊은 바닷물 여울지는
여름의 바다

우뚝우뚝 꽃줄기 돛대 치올려
송송히 매달린 연보라 깃발 선단船團
출렁출렁 항진한다

줄기줄기 익어 갈
흑진주 꿈 향기 피워 올리며

남의 등줄기 타고

나무 밑 음침한 곳 뿌리박아
풀 짓밟고
나무 몸통 칭칭 휘감으며 올라간다

가장 좋은 자리 우뚝 차지해
넓은 잎 햇볕 듬뿍듬뿍 받고
바람 솔솔 쏘여
혼자만 무성해 가는

감긴 나무들
숨길 막혀 시들어 가는데도
그 위를 짓눌러 뒤덮은 채
하늘로만 향하는 저 칡넝쿨

나무처럼 살아가는
사람 등줄기 타고
저만 혼자 마구 위로 치올라 서는

제3부
뿌리의 그늘

뿌리의 그늘

흙살의 어둑발 비집고
밑으로 밑으로만 터를 잡아 갑니다

때론 여린 손발끝 피맺힌 가시가 되어
바닥 깔린 바윗덩이 가슴팍 헤집고
삶의 고샅길을 헤쳐 갑니다

보이지 않는 이승과 저승의 경계에
까칠까칠한 몸뚱어리 칭칭 사릿드리며
둥지 또아리 틀고
생명의 눈 가꾸어 나갑니다

바깥 서리밭에 피워 낸 줄기줄기
숨결샘물 등뼈 휘게 퍼 올려 촉촉이 적시면서
철따라 폭풍우 휘몰아쳐 흔들어댈 때도
지구중심을 움켜쥐고 끝끝내 버티어 줍니다

빛 밝은 자리 내밀려 저마다 법석대는데

한사코 눈길 띄지 않는 발 밑에서
목숨의 샘줄기가 되어 주는 어머니, 아아 어머니

자운영 논둑길을 걸으며

황소걸음으로 들판을 가고 있다
수없이 밟고 간 발자국 소리
웃음소리 한숨 소리 떼바람 소리

야생의 땅
앙가슴 서로 넘보지 못하게
둘러친 황토 울타리
표지 없는 문패들 바람처럼 걸려 있다

낮은 자리 흘러드는 물줄기가
차오르며 수평수평 물살 짓는
크나큰 밥그릇 물막이가 되어
흙살 물컹물컹 벼꽃을 키운다

논둑길 발자국 울음울음 들으며
벼 이삭은 익어 간다 했던가
한 생을 여기 묻고 간 살과 뼈들
들머리는 사무치게 초록물결 치누나

나는 할아버지의, 아버지의
거북등거리에 업혀 타박타박 논두렁을 걸어간다

한 줌의 흙을 쥐고

얼마나 많은 이들의 숨결이 맺혀 있는가

너의 눈물을 밟고 간 무수한 핏줄들
땀과 바스러진 뼈들 서리서리 담기고
스러진 푸나무와 짐승들의 잔해 함께 잠기어
묵묵히 서서 걸어온 길
달려와 멈춰 선 자리 서로 달라도
하나로 응결된 생명체의 맥박 뛰는 소리
손끝 타고 온몸을 물결쳐 온다

어느 날 너와 나마저도 네 품에 돌아가고
다시 뒤따를 오래된 미래의 세대들
숙명처럼 그 속에 한데 용해 되어
거무스름 짙은 빛으로
타오르는 대지의 혼불 지피리

네 안 가득 차오르는 목숨의 발돋음질 소리
하늘 깃발 높이 펄럭인다

통통 섬 마음

산줄기 통통 통통
낮은 곳으로 달려 내리면서
바다로 헛빠진 산의 어린 아우들

지구에서 가장 낮은 자리
바닷물에 둘러싸인 채
개펄 내음 푹푹 절어
뭍만 애타게 바라보는 좁으장한 섬의 어깨들

쪽빛 융단물결 파도가
수평선에서 한줄기로 흔들며 밀려오는
시간의 속삭임
갯바위에 쉴 새 없이 철썩이며
만년 정적을 깨운다

맑은 날 세상의 산들이
어깨동무하고 바닷가까지
벋어 내린 모습 살짝 엿보일 때

소리 지르며 가까이 다가가고 싶은
그 소년적 통통배 마음을 본다

논두렁에 앉아서

1
물이랑 넘실넘실 논두렁에 앉아 있네
이른 아침 흙탕물 쪼린 작업복
무릎장화 논물 그림자에 담가 놓고
침묵처럼 삽자루 세워둔 채
목숨줄 물끄러미 응시하고 있네
휜 등짝 구부려 땀방울로 메꾸어질 논뙈기
빛과 어둠 거미줄 줄 얼크러져
물그림자 이랑이랑 흔들거리네

2
밤이면 끙끙 구들장 꺼져라 속앓이하던 아버지
논두렁에서 한 뼘 생을 다 태우며
어린 꿈을 가꾸다가 그냥 떠나보냈네
허리 한번 제대로 펴보지 못한 채
주름 깊은 몸 흙살에 남긴 영혼의 발자국
아픈 향기 아른아른 코끝을 찔러 오네

달구지는 구르고 싶다

네발 달구지 흙짐 짊어지고
땀 뻘뻘 흘리며 덜컹덜컹 가고 있다
남산 산록 길섶 길
빈 초가지붕처럼 달구지풀들이 아우성친다

생의 굽잇길 둥글둥글 시간을 굴려 오면서
닳고 닳은 쇠바퀴살의 녹슨 눈빛 속에
가슬을, 이삿짐을, 아이들 웃음보따리를 싣고

신작로 조약돌 톡톡 퉁기면서
코스모스 여린 꽃이팔에 바람을 날린다
달구지 그림자 녹물 속에 드리우고
덜컹 덜커덩 땅을 울리며 굴러만 가고 싶은데

어스름 밀물이 노을노을 차오를 무렵
문득 숲 속 어디서 어슬렁거리다가 튀어 나왔을까
주황빛 나배기 황소 한 마리
옛집인 듯 달구지를 등허리에 꿰어 차고
남산 그림자 싣고 어둠 속으로 사라져 간다

어느 시인의 도리깨질
— 시인과 농민

고른 장단 맞추어 쿵더쿵
공중바람 한 바퀴 휘어감아
내리치는 벼락 소리

앞마당 덕석 위의 콩꼬투리
바위처럼 닫혔던 앞가슴 매듭매듭 풀리면서
이리 튀고 저리 퉁기는
알알들의 아우성

배불뚝이 뽐내온 콩깍지는
텅 빈 집이 되어 버려지는데
낟알들만 팔딱팔딱 살아남아
시의 눈망울 번뜩이고 있다

백목련 꽃밥그릇

고샅길이 환하다
백목련 메마른 가지마다
깃털 하늘하늘 내려앉는 눈송이

나뭇가지 손끝마다 은밀은밀 스며들어 있다가
백로 눈꽃으로 다시 피어나는가
흰옷 입고 걸어가는 저 여인아

몰아치는 회초리바람 삼켜내며
나무의 집 상처 없이 지켜 왔구나
새로 돋는 잎들께 풀린 봄을 맡겨 두고
눈꽃 흩날리며 가는 여인아

늘 비어 있던 어머니 밥그릇에
저 푸짐한 하늘꽃 송이송이
고봉으로 몰래몰래 담아 놓고 싶구나

보리밭에서

뙤약볕 불타는 구릿빛 얼굴
할아버지 할아버지,
바람서리 이불 덮고 온
너의 가슴팍을 헤치고
다시 목숨의 씨앗을 거둔다

괭이 들이대면
맺혀 있던 분노의 눈빛
새벽 이슬방울이 칼날처럼 번뜩인다
땅속에서 솟구쳐 오르는 아우성
몰려오는 저 봉두난발의 함성들
황소 떼 울음소리 천둥지둥 울려온다

오랜 세월 쏟아 내린 핏줄기가
바싹 마른 목구멍 터져 나오는 거친 숨결이
꺼지지 않는 혼불이 되었구나
한꺼번에 어둔 역사의 지층 뚫고 솟아오르는

절벽 아래서

땅심 곧추서 있다
온 몸뚱어리로 내달리는 산등성이
귀를 세우고 멈춰 서 있다

산줄기 꿈틀꿈틀 흔들어대도
아지랑이 설렘설렘 피어올라도
안으로 안으로 지그시 눌러앉히고

쏟뜨리는 뙤약볕의 풀무질
칼비 서릿바람에 달궈지고 또 달궈진
천고의 바위부처
후광 아련하게 내비치며
속세간을 넌지시 굽어보고 있다

우러르면 아슬아슬 하늘 한 자락 끊어지고
내려보면 아찔한 추락
이승길 생땀의 샘물 솟치는
계명으로 버티고 서 있다

발부리 맑은 물그릇에
산 그림자를 담아 들고
맨몸으로 흐르고 있구나, 나는
너의 길을 아슴아슴 더듬어 오른다

억새풀

들과 산 어디서나
무더기 무더기로 억새땅 이루어
꼿꼿한 줄기, 풋풋한 기개 칼날로 서려
풀밭을 지키는 초병들
풀 벨 때면 서리낫날 잎으로
어린 손 상처를 내는 풀

서로서로 기대어 서서
세찬 바람이 짓밟고 지나가도
좀체로 스러지지 않는 가멸찬 풀

저 억센 풀도 한 해가 이슥해지면
하얀 털 뭉치 솜털로 안개안개 피어올라
말라버린 긴 모가지 빳빳이 쳐든 채 하늘거리며
그리움의 흰 손수건을 흔든다 흔든다

해거름 기러기 떼 끼루룩끼루룩
어디론가 비껴 나는데

달빛 없는 어둠 속에
누군가의 한 생애가 저물고 있구나

땅끝 마을에 와서

누가 이름을 불러 주기 전에도
너는 땅의 끝이었다
해남 송지면 갈두리 사라봉
북위 34도 27분 21초

북쪽에서 벋어 내린 땅줄기가
남쪽 끝자락 멈추어 까치발 디딘 곳
아스라한 수평선 응시하고 있다
하늘과 바다 하나 되어버린

점점이 늘어선 섬들
그 사이 오가는 배의 이랑이랑
햇살 잔잔한 바다 위에
평화의 기폭이 펄렁거린다

조국의 파수인 듯 떠 있는 백일도
파도기둥 막아 내는 담벼락 되고
꼬막포구 구식 등대 누구의 밤을 지키고 있나

화순 고인돌

으슥한 보검재 계곡
기다랗게 늘어선 무수한 바윗돌들
언제부터인지 저마다의 몸집으로
흩어지듯 누워 있네

영원을 빌어빌어
무거운 덮개돌 땀으로 옮겨다가
지성至誠을 함께 묻어 비난수 하나 없어도
주인 없는 빈집 지금까지 남아 있는가

운주사* 천불천탑 세운다는 소문 듣고
치마에 돌을 담아 가는 길목
마쳤다는 소식 들려 내려놓은
마고麻姑할미 팽매바위
제단에는 정화수 하나 없네

---

* 운주사雲住寺: 전라남도 화순군 도암면 대초리 천불산 기슭에 있는 절. 천불천탑으로 유명하나 석탑 21기 석불 100여구가 남아 있고 와불 2구가 있음.

원님이 지나다가 바윗장에 앉아
민원을 보아준 관청바위
전설만 담긴 채 바위옷에 묵묵히 묻혀 있네

바람과 벗하여 이 골짜기 지켜 온 바윗돌
지금은 세계문화유산으로
땅하늘의 별이 되어 육대주를 비추고 있네

모란꽃 진자리
— 영랑 생가를 가다

정든 골목길 굽돌아들면
삼백 해 묵은 은행나무 한 그루
팔 내밀어 주인인 양 마중한다
햇발 소색이는 돌담* 너머로

조선 여인 다소곳 앉아 있는 한옥
뒤란 가느다란 대숲 바람 잠 깨우고
마당 앞 맑은 새암은
나무뚜껑 굳게 잠겨 물낯바닥 가리고 있다

사랑채 사개틀린 고풍古風의 툇마루* 옆
골붉은 감잎 날라 온 장광*
예스럽게 장독 가지런히 놓여
서성거리는 누이 모습 어른거린다

---

* 영랑 시 「돌담에 소색이는 햇발」, 「사개틀린 고풍古風의 툇마루에」, 「누이의 마음아 나를 보아라」에서 차용.

빈터마다 폈다 사윈 모란꽃 자취
어느 누구의 봄을 기다리고 있는가
돌아오지 않는 그의 발자취 더듬는데
모란꽃 진자리 향내 더 붉다

선운사의 까치밥

선운사 뒤란엔
해묵은 감나무 여남은 그루
한 해 쌓고 두 해 쌓인 이야기 주렁주렁
푸른 하늘 처마 끝에 매달고 있습니다

색동 가랑잎 고인 삶의 무게에 겨워
한 생애를 실어 땅바닥에 부리는데
마음의 화엄華嚴등불 하나 밝히고 가는
저 감나무 발걸음이 가뿐합니다

오동나무

갈퀴손 죽죽 퍼들고
외딴집 들머리 홀로 서 있네

초록물 출렁이는 오월 하늘
무명 같은 시골 다 큰 처녀가
수줍어 수줍어하며
연보라 꽃종 딸랑거리면서
가슴 조여 누군가를 기다리고 있네

눈시울 찰랑찰랑 무논엔
일에 쫓겨 철벙이는 농투성이
천근만근 등허리 굽퍼느라
꽃종소리 귀담을 틈새도 없네

쑥국새 울음소리 저리 몸부림인데
기다림에 타버린 꽃처녀 속내
눈물꽃 무늬로 나무결에 스며드네

제4부
잃어버린 시간을 찾아서

어머니의 바위부처
— 잃어버린 시간을 찾아서 · 1

안방 창문을 열면
바로 이끼 낀 너럭바위부처
고향집 흙마당 돌담 안에
고즈넉이 가부좌 틀고 있다

복두꺼비같이 아끼던 돌방석엔
봄이면 쑥나물 돌미나리
가을이면 우리 집 살림 이력이
빨간 고추로 너덜너덜 널렸다

나무뿌리 되어버린 억척 손길이
늘 오가며 묻힌 손때
돌버섯으로 켜켜이 쌓여 있고
어머니 모습 어렴풋이 닮아 있는 바윗돌

바위 속 단칸방엔 어머니 정령이 깃들어 있는가
뒤란엔 대바람 휘어지는 소리 불어가는데

텅 빈 집을 홀로 지키고 있구나
저 너럭바윗돌

볏짚
— 잃어버린 시간을 찾아서 · 2

누이야 너는 아느냐
벼 줄기가 부르튼 발 물에 담그고
쏟아지는 뙤약볕 모진 비바람 속
진국 다 빨려 이삭 하나 키워 낸다는 것을,

때론 헉헉 숨 막히는 가뭄 속에서
발바닥 쩍쩍 갈라지고 손가락 타오르면서도
물 한 방울 찾아 발가락 굳은 땅속 파 들어가는 것을,
이삭이 익어 가면 멍에처럼 무거워 무거워서
조용히 모개 꺾고 휘어 내리는 것을,

가슬이 끝나면 알곡 다 털리고
상흔처럼 이삭 자국만 녹슨 훈장으로 간직한 채
세월의 주름살같이 메말라버린 지푸라기
아버지, 아버지, 아버지, 지금은
이엉 되어 우리 집 초가지붕 포근히 덮어 주는데

어릴 적 "한 알의 밥톨에 뼈 빠진 땀

얼마나 담긴 줄 아냐 이놈들아 한 톨도 버려선 안 돼!"

타이르신 말씀 오늘도 십계명처럼 목구멍에 걸린다

어머니의 맷돌질
— 잃어버린 시간을 찾아서 · 3

비 오는 여름날이면 툇마루에 앉아
낙숫물 소리 들으며 곧잘 맷돌질을 했다

툇마루 맷방석에 가부좌 튼 맷돌
어머니와 어처구니 꼭 잡고
강강술래 원을 그리며
세상 이야기를 돌렸다

마당에 머리빡 내리찍는 빗방울 튀는 소리
아구리*로 밀어 넣어 준 밀알 삼켜
들들들 으깨대는 맷돌 소리

도톰한 뱃속 빼곡 쌓인
속내 이야기, 먼 마을 소도적 이야기
가루가루 쏟아 내면

---

*아구리: 맷돌 윗짝에 달려 곡식을 집어 넣는 입.

어머니 거북손이 채로 쳐서
반죽 한 톨 한 톨 다져 가며
끓는 솥에 딜쳐 만든 밀죽의 풋풋한 향내

가난의 밥상 위에 오른
우리 가족 웃음꽃 한 사발

그해 겨울
— 잃어버린 시간을 찾아서 · 4

참 치운 겨울이었네
다다미 골방에 홑유리창
틈 벌어진 미닫이문 사이로
서울의 찬바람 제집인 듯 무시로 드나들어
뼛속 깊이 파고드는 겨울, 밤이었네
말달리는 바람 소리 그칠 줄 모르는데
그러나 나는 해야만 했네
방 한쪽 덩그렇게 낡은 테이블에서
내일의 준비를,
소름처럼 떨리는 몸 이겨 내려
눈에 덮여 모진 바람에 시달리는
산정山頂의 소나무를 생각했네
소나무만 못하랴, 나는 언 잉크에 파랗게 묻혀
'설송雪松' 한 그루 바람벽에 심어 놓고
견디기 어럴 때마다 쳐다보며
그해 겨울 설산雪山을 넘었네
그래 나는 지금 여기 있네

살다 보면 넘기 힘든 산맥
늪에 빠져 허우적거릴 때 얼마나 많았던가
나는 그럴 때마다 그 겨울 마음에 심어 놓은 설송을 생각하며
울력울력 밑바닥에서 떨쳐 일어났네
그리고 눈보라 산맥을 홀로 넘고 있네 지금도

내 마음의 부싯돌
— 잃어버린 시간을 찾아서 · 5

굵고 까칠한 왼손
엄지와 검지 손끝 사이
작은 부싯돌 퉁겨내서
아버지 온 집안에 집불 지폈었네

그 불씨 한 톨
내 가슴속 불못으로 꽝꽝 박혀
삶의 계곡 굽이굽이
비바람 호되게 몰아칠 때
젖은 내 마음의 심지에
몇 번이고
불꽃을 당겨 주었네

홀로 가야만 하는 외진 길목
어둠의 깊은 늪에 실족해
수십 길 바닥 밑으로 미끄러져 내릴 때도
내 눈에
불노을 일으켜 주었네

시간에 타버린 재가 쌓여 가도
영혼에 불붙이는 꽃불 씨톨로
숨쉬고 있네

내 소년 툇마루에 앉아
— 잃어버린 시간을 찾아서 · 6

고향집 툇마루 때거울 속에 숨쉬고 있다
어릴 적 내 그림자 그늘

아침 마당 어스름을 비질하던 할아버지 기침 소리
꿈 안개 속 날 불러내어
소리소리 글을 읽게 할 때
더듬거리다가 불벼락을 뒤집어쓰기도 하던

여름 한 날 점심 함께 하던 아버지
토제*바닥 떨어진 밥덩이를 내버린 나에게
그 밥알에 땀방울이 얼마나 들어 있는지 아냐
서릿발 꾸중 소리 목구멍에 박혀 오던

마루판에 금 그어 놓은 내 배꼽시계
봄날 해 그림자 늘어져 이부수업 지각을 하고
그제야 그림자 시간 달라짐을 깨닫기도 하던

---

*토제: 마루(전라 사투리).

어머니의 하늘 밭
— 잃어버린 시간을 찾아서 · 7

험한 바위 섶을 헤치고 올라가면
어스름이 일찍 물드는 산자락 듬벙가에
하늘만 쳐다보인 손바닥만한 밭뙈기가 있다
어머니가 평생 일군 생명의 따비밭

해거름이면 짬 내어 혼자 올라
돌무리 들쳐내고 호미골을 치면서
보리 콩 거두어 먹거리 보태던 하늘물받이밭

어머니는 거기 하늘비탈에 내 꿈을 심었다
보리 콩의 자람은 바로 내 꿈의 성장점이었다

부지런해야 홀로 설 수 있다는 가르침을 심어 주고
일어서야 한다는 의지를 돋구어 준 그 땅,
지금은 옛 이야기 흙 속에 꼭꼭 묻어 둔 채
잡목숲에 전설로 덮여 있다

혼자서 올라 어둠 속의 어머니를 불러 본다

빈 산울림만 되돌아오고
어머니는 지금 저 어느 하늘땅에서
내 삶의 따비밭을 일구고 계실까

우화등선 羽化登仙

어딜 저리 허둥지둥 가는 걸까
황토색에 검은 점박이 등짝을 지고
배춧잎 솔솔 기어오르는 무당벌레

난데없는 말벌 한 마리
날개 치며 다가온다
무당벌레 몸뚱이 살피는가 싶은 순간

아차, 알 하나 감쪽같이 등딱지 아래 꽂는다
아무것도 모르는 무당벌레
그저 제 길을 기어가고 있을 뿐
말벌 알은 그 안에서 생명이 움트는데

누가 그리 시켰을까
연약한 애벌레 한 마리 홀로이
무당벌레 중추신경 마비시키고
다리 밑에 내려와 차분히 자리 잡는다

그 껍질의 그늘에 몸뚱어리 숨기고
무당벌레 속살 갉아 먹으며 자란 애벌레
날개가 돋쳐 꿈의 하늘을 가른다
다른 무당벌레 다시 배춧잎 위 기어오르고

어머니의 실루엣

굽이진 산비탈에 펼쳐지는
잔잔한 보리물살 강물살
파릇파릇 눈을 뜨는 시금치바다

그 시푸런 밭뙈기에서
머리수건 깊이 둘러쓴 채
허리 굽혀 바쁜 손 놀리는 어머니, 어머니의 실루엣

이를 아름다운 풍경이라고
붕어 입 오물오물 벙그는데

흙을 빌어먹고 사는 농투성이에겐
숨 가쁜 생의 너덜길
아리는 몸뚱어리 땅속에 쏟아 부어
피어나는 흙꽃
그것을 목숨의 꽃이라 했던가

이승 저승 갈림길에서

어슴푸레 흔들리는 불빛 속에서
갈린 목줄 찢어지는 소리
포송한 흰 털, 작달 다리, 처진 귀 흔들리는

아랫뱃살 끌어 올려 캉캉대는데
쏟아지다 새 나가는 개울물 소리
가게 안으로 들여 달라는 몸부림이란다

늘 겪는 투정이라는 듯
주문 음료수 손길만 바쁜 저 남정네
마음결이 무심히 둥글기만 하다
목이 쉰 것이냐는 내 물음에

절로 목쉰 개똥이가 있더냐고
목울대 소릴 솎아 낸 것이라고
아파트 이웃들의 눈치코치에
소릴 몽땅 도려낸 그런 놈도 있다고

목숨 부지하고 살려면
타고난 제 모습도 버려야 하는
사람의 틀에 꼭 맞추어 가야만 하는
저 모진 운명의 갈림길에서

연鳶

하늘로 꿈을 싣고 날아오른다
치운 동구 밖 외줄 실에 매달려

삶의 길이만큼의 실의 거리
그 안에서 오르며 내리며
흔들거리는 저 연鳶,
얼레를 잡은 어린 손에
제 명줄이 걸려 있는 줄도 모르고
세상 굽어보며
화안하니 미소 짓는다

오롯 외줄 끊기면
완전한 자유의 나라,
그러나 하늘 어디론가 날아가다가
알 수 없는 나뭇가지 어딘가에
조용히 한 생애를 내려놓을
내 운명의 슬픈 모습을 본다

배꼽 동아줄

잘라내도 잘라내도 끊어지지 않는다
배꼽으로 이어진 이 인연의 동아줄은

아무리 멀리 떨어져 있어도
보이지 않는 마음의 핏줄강물이
밤낮으로 굽이치고 있다

저절로 전해지는 떨림은
수만 볼트 느낌으로 울려오고
얼굴에 그늘의 집을 짓는다
백목련 환한 빛과 속 깊은 그림자

어찌할 수 없는 이 쇠사슬은
혼결 속에 깊이깊이 뿌리내리고

한쪽 끝이 영구히 삭아 내려도
이미 담겨진 흔적의 핏줄 끌리는 소리
남아 있는 마음줄을 끊임없이 흔들어댄다

제5부
시간 고속열차를 타고

시간 고속열차

어디로 흘러가는가

누구에게나 고르게
이름 없는 빈칸으로 지나가는 기차,
빈칸을 그대로 보내는 사람
차곡차곡 채워서 보내는 사람

기차에 실려 가는 것은
자유로운 선택으로 만든 땀의 결실,
삶의 의미도 일구어 낸 역사도
꼬리표 붙여 함께 실려 간다

아무것도 싣지 않아도
소리 없이 빈칸으로 달려간다
쉬어 가는 간이역이 없어 기다려 주지도 않고
언제나 새로운 시간의 기차만 다가올 뿐

아쉬워 지난 이름을 부르면

뉘우침과 그리움만 날개를 편다
그대로 보내버릴 것인가
시간이라는 내 인생의 고속열차를

고인돌

무슨 소망이 그리 무거워
마지막 가는 길목에
바윗돌로 하늘을 가리고
수천 년 누구의 가슴을 짓누르고 있는가

스쳐 가는 비바람 바위옷에 잠재우면서
멈춰버린 발걸음 새로 내디디려
아지랑이같이 풀려버린 넋의 집
생의 내밀한 비밀인 듯
어둠 속 깊이 껴안고 있는가

물끄러미 덮개 밑 들여다보면
영원으로 들어가는 제단은
시간이 밟고 간 발자국 마구 흩어진 채
희미한 비난수 소리 하나 없이
바람만 제 집같이 드나들고 있구나

언덕

줄달음쳐 내려오다 무슨 생각했을까
모둠발 디디고 멈춰 서 있다

발 뿌리 낮은 자리 맨바닥엔
의지할 곳 없는 숱한 이들
비탈 기대어 삶의 등불 켜 들고 있다
햇발 굼실굼실 파고들어 창살로 박히고
꼭두머리 스치는 바람
머무른 구름 몰고 흘러간다

시간의 뒤란에서
손에 든 빛만 좇는 사람들
싹쓸이 내달리는데
이 경계에 멈추어 선 언덕

거울처럼 스스로를 비추어 보고 있다
주위를 두루 보는 마음의 여백을 지니고

의자

때묻은 사람숲을 헤쳐헤쳐 올라오는
어린 발자국 소리 들려오고 있다
보이지 않는 힘의 심줄이
등뼈가 되어 있는 의자 한 채

그 자리 먼저 다가가려는
빈 구호, 눈속임, 상처내기
온갖 검은 손들이
수류탄 되어 사방팔방 튕겨 오르고 있다

바늘귀 틈도 없는 안개 너덜길을
위쪽만 바라보며 마구 달려가다가
숨겨진 거미망에 걸려드는
수십 길 벼랑에서 추락하는

의자가 아무리 넓고 커도
새 사람만 앉을 수 있는 그 꽃자리가
저마다 마음속으로 닿을 듯 잡힐 듯
새 아침을 달려오는 저 어린 발걸음을 보아라

폐지의 길을 따라 달리다

두꺼비 파리 채듯
지하철 시렁 집어 간다
누군가 읽다 버린 신문지를

바람서리 소나무 껍질 손이
긁어모은 몇 장 왼팔에 낀 채
오로지 빈 종이 꽁무니만 좇아
지하철 속도 따라 발걸음이 빠르다

헤집고 간 그 자리
하얀 허상 안개처럼 아른거린다
쉼 없이 출렁이는 세상파도 속
노도 닻도 잃은 쪽배 하나

고층건물도 눈부신 군상도
깊은 눈망울엔 비치지 않는다
실오라기 시간에 매달린 삶의 무게만
폐지의 길 따라 지하철 풍경을 싣고 달린다

겨울 햇살

내 마음 밑바닥까지 드리운다
어머니 주먹밥 같은 볕살 한 움큼

부젓가락 햇발 한 줄기 기다리던
어릴 적 그 보리밭 둔덕길에
이빨 앙당문 목숨의 불씨 지펴 낸다

남루의 그림자에만
간절한 체온이 되어 주는 겨울 햇살

시간에 쫓기는 잰걸음으로
집 모퉁이를 돌고 돌아서
그늘진 화분 꽃대 잠시 적셔 주고

식어가는 빛노을로 감아들며
내일 속으로 무연히 사그라든다

너의 옛집에 들러
— 여기 걸려 있구나 너의 문패 층층단에 지어진 단독주택
 북풍받이 지붕 눈이 쌓이고 처마 끝 고드름 맺히고 있
 구나

아무도 열 수 없는 너의 방문
눈 딛고 토방에 서서
새빨간 꽃바구니 하나
바람 속에 놓고 고개 떨군다

귓불에 머무는 바람살
할 말이 있는 듯 소곤소곤 사라진다

까치들 너를 찾아 우짖는 소리
우아랫마을 개 짖는 소리 너무 멀다
구름 속 지나가는 비행기 소리
움직이는 것들의 고요 소리를 깬다

속이 찢겨 치올라도
나보다 더 아린 가슴 하나 지상에 살고 있어
이빨 깨물어 삼켜 내린다
찰나의 벽을 뚫고 너 여기 홀로 있느니

눈뭉치를 집어 들고 볼을 씻어 본다
온몸에 전율하는 네 삶의 냉기

무쇠가위

무쇠가위 양날이 물리는
찰나의 경계에서
은빛 가위 소리를 물고
거울 속으로 온몸을 던진다

여태 몸뚱이 맨 윗자리에서
나를 나이게 한 흰 머리카락들
시간의 두께를 밟고
치밀고 올라오는 또 다른 어린 힘에 밀려
그만 생의 끄나풀 놓아버리는구나

새로운 물결이 파도파도 밀려오는구나
가지런히 줄지어 서서
날 선 세상을 달려오고 있구나

찰각찰각 가윗날이
무쇠 세월을 끊어 내고 있구나

봄은

여인의 치맛자락 같은
아지랑이로
찬 기운 슬어 내며
산 넘고 고개 넘어

갓난아기 오므린 입처럼
새 움으로 도톰히 터 나오고
향내 자욱한 꽃망울로 피어나고
노랑나비 흰나비 되어 꽃술 찾아
너울너울 춤추며 날아다니다가
지는 꽃잎으로 시나브로 사위어 가느니

저 봄 고운 얼굴 얼굴들
시간이 밟고 간 내 마음속
지워지지 않는 깊은 자죽으로 남느니

뻥튀기

펑, 펑, 울려오는 소리
총소리처럼 귓속 깊이 파고든다
험하던 한 시절 저 같은 소리에
간이 콩만 해져 숨기도 했다

사과밭 새 몰아내는 소리란다
한여름 땀방울 볼 익은 열매
까치 떼거리 맨부리로 달려들어
쏘아대는 공포탄

어릴 적 벼논 조밭에
벌 떼같이 몰려드는 참새 떼 쫓느라
허공 몇 바퀴 휘감아 뙈기를 쳤다
딱, 땅을 후려치는 소리에 새들
눈망울 휘둥그레 달아났는데

들판을 가르는 저 공포탄 소리
질겁해 줄행랑만 치던 새들도

이젠 뻥튀기인 줄 알아

말똥말똥 둘리지 않는다는데

그래도 계속 펑만 쏘아대고

건널 수 없는 강물이 영원으로 흘러간다

여기가 바로 이승의 하늘 끝인가
낯선 산모롱이 간이역에서
한평생 지고 온 생의 등짐을 부리는구나

눈물샘까지 얼음장을 얼리는데
침묵의 땅은 흙가슴 열어젖히고
어머니의 부드러운 품으로
한 생애 포근히 안아 들여 문을 잠그는구나

다시 건널 수 없는 강물이
하늘과 땅을 가르며 영원으로 흘러가고
제겨 디뎌 온 발걸음 걸음 소리
어디론가 휩쓸려 가버리는구나

어느 영혼이 벗어버린 남루의 그림자인가
다 타버린 잿가루 구름구름
바람 타고 하늘을 날아오르는구나

비수

인천공항 항아리 쓰레기통엔
담배꽁초 산을 이루고

하늘 멀리 넘나드는 이들
습관처럼 꺼내 문 한 개비
입에 물고 불붙여 들숨 삼키면
숨결 따라 스크럼 짜고 몰려가는 연기

허파벽 구석구석 안개처럼
니코틴 남겨두고
날숨 따라 코로 쏟아져 나오는 연기의 후폭풍
시름 실어 허공으로 맴돌며 흩어진다

허파에 쌓인 맹독성
숨길 가로막는데
타다 남은 담배꽁초 칼날이
모래 허파를 찌르고 있다

나는 내 가슴을 만져 본다

■ 작품 해설

농심의 시학과 시간의 존재론

김 재 홍
(문학평론가 · 경희대 교수)

 사람의 한 생애는 운명과 자유(선택) 그리고 우연으로 이어지는 과정이라고 하지 않던가? 운명적으로 태어나 자라다가 스스로의 선택으로 자유로이 살아가는 가운데 우연이라는 또 다른 모멘트가 작용하면서 이 세 가지 요인들이 서로 길항하면서 사람의 한 생애가 전개된다는 뜻이리라.
 전석홍 시인과의 만남을 떠올리면 마치 그런 생각이 들곤 한다. 우연처럼 만나서 운명처럼 살아가고 있는 모습이 아닐까 하는 그런 생각 말이다. 그렇다. 그분과의 만남은 우연이면서 필연이고 필연이면서 자유의 상관관계 속에 놓여진다. 그만큼 뜻이 같고 정이 통하는 그런 사이가 됐다는 말이 되겠다.
 명문 대학의 전통 있는 학과를 나오고 지방정부의 수장으로서 오래 목민관 노릇을 성실히 수행하던 그분, 그러다가 중앙정부의 요직까지 맡아 국가와 사회를 위해 진력하던 그분이 어느

날 보람 있는 노년, 가치 있는 삶을 살기 위해 불현듯 '시와시학' 교실을 찾아와 시를 공부하기 시작한 것이다. 남이 보기엔 다소 늦은 나이에 사회적인 위치에도 아랑곳하거나 개의치 않고 인간적으로 겸허하게 문학적으로 치열하고 성실한 자세로 시 공부를 계속하다가, 마침내 그 까다로운 김남조 시인의 눈을 통과하여 시인으로서의 늦깎이 출발을 하게 된 사연인 것이다. 그만큼 그분의 시인적 자세는 겸허하되 진지하며 늦은 만큼 치열하고 성실하여 가까운 분들의 관심과 존경을 불러일으키고 있는 모습이다.

이에 시인으로 새 출발을 시작하는 전석홍 시인의 시업을 축하하고 격려하는 뜻에서 간략히 그 시세계를 살펴보기로 한다.

1. 잃어버린 시간을 찾아서

시집 『자운영 논둑길을 걸으며』를 관류하는 밑바탕의 하나는 지난 인생역정을 되돌아보면서 잃어버린 시간을 찾고 그것의 의미를 오늘에 되새기는 과거적 상상력의 발현이라고 할 수 있다. 어린 시절부터 품어온 시인의 꿈이지만 삶의 길이 달랐기에 뒤늦게 새 출발을 하게 됐고, 그런만큼 살아온 인생역정이 중요한 문학적 원천이면서 동력으로 작용하고 있다는 뜻이 되겠다. 실상 이러한 과거적 상상력과 유소년 회상이야말로 모든 시인들에게 있어 시적 원천이고 자산임은 새삼 두말할 필요가 없겠다.

굵고 까칠한 왼손
엄지와 검지 손끝 사이
작은 부싯돌 퉁겨내서
아버지 온 집안에 집불 지폈었네

그 불씨 한 톨
내 가슴속 불못으로 꽝꽝 박혀
삶의 계곡 굽이굽이
비바람 호되게 몰아칠 때
젖은 내 마음의 심지에
몇 번이고
불꽃을 당겨 주었네

홀로 가야만 하는 외진 길목
어둠의 깊은 늪에 실족해
수십 길 바닥 밑으로 미끄러져 내릴 때도
내 눈에
불노을 일으켜 주었네

시간에 타버린 재가 쌓여 가도
영혼에 불붙이는 꽃불 씨톨로
숨쉬고 있네
　　　　　　　　—「내 마음의 부싯돌」 전문

우리의 어렵기만 하던 전통가족 사회에서 가정의 불씨를 일구고 간직해 가는 일은 온 가족의 삶을 일구고 지켜 나아가는 일로서의 상징성을 지닌다. 그만큼 불이란, 불씨란 가정의 삶과 나아가서 혼을 지키고 살려가는 촉매이자 동력으로서의 상징적 의미를 지닌다.

이 시에서 아버지의 부싯돌은 바로 한 가족에 있어 불 또는 불씨에 해당한다. "작은 부싯돌 퉁겨내서/ 아버지 온 집안에 집불 지폈었네"라는 구절이 그것이다. 그러기에 그것은 "삶의 계곡 굽이굽이/ 비바람 호되게 몰아칠 때/ 젖은 내 마음의 심지에/ 몇 번이고/ 불꽃을 당겨 주었네"와 같이 시의 화자에게 삶에 용기와 힘과 희망을 불러일으켜 주는 마음의 불씨, 정신의 등불로 작용해 온 것이다. 그것은 "어둠의 깊은 늪에 실족해/ 수십 길 바닥 밑으로 미끄러져 내릴 때도/ 내 눈에/ 불노을 일으켜 주었네"와 같이 절망으로부터 일어서게 해 주는 생의 원동력으로서 작용해 왔다는 뜻이다.

그렇지만 그것은 단지 과거적 사실만이 아니라는 점에서 더 깊은 의미가 놓여진다. 그것은 "시간에 타버린 재가 쌓여 가도/ 영혼에 불붙이는 꽃불 씨톨로/ 숨쉬고 있네"라는 구절에서 보듯이 오늘에도 여전히 생명의 동력으로서 작용하고 있음으로써 화자의 삶을 올바르고 힘차게 이끌어 갈 수 있게 해 주고 있는 까닭이다.

실상 그의 시「내 소년 툇마루에 앉아」「어머니의 하늘 밭」「어머니의 바위부처」「볏짚」「어머니의 맷돌질」「그해 겨울」 등의「잃어버린 시간을 찾아서」 연작 시편들과「고인돌」「모란꽃 진자리」「너의 옛집에 들러」 등 많은 작품들이 이러한 과거적 상상력과 유소년 회상에 시적 모티프와 원천을 두고 있음을 본다. 그만큼 시인의 시가 인생론적 측면, 즉 삶의 문제에 집중돼 있음을 말해 주는 것이 되겠다. 삶 또는 인생이 그의 시에서 소재이자 제재가 되고 있다는 뜻이리라.

2. 순천명順天命, 또는 운명론을 위하여

이 점에서 시집에는 운명론 또는 운명적 존재론이 짙게 깔려 있음을 보게 된다. 그의 시에는 '핏줄'로서 운명의 숙명성 또는 필연성을 새삼 깨닫고 확인하며 그것을 긍정하는 자세를 통해서 생의 발견 또는 생의 극복을 성취해 가고자 하는 안간힘을 지속적으로 발견할 수 있기 때문이다.

> 하늘로 꿈을 싣고 날아오른다
> 치운 동구 밖 외줄 실에 매달려
>
> 삶의 길이만큼의 실의 거리
> 그 안에서 오르며 내리며
> 흔들거리는 저 연鳶,
> 얼레를 잡은 어린 손에
> 제 명줄이 걸려 있는 줄도 모르고
> 세상 굽어보며
> 화안하니 미소 짓는다

오롯 외줄 끊기면
완전한 자유의 나라,
그러나 하늘 어디론가 날아가다가
알 수 없는 나뭇가지 어딘가에
조용히 한 생애를 내려놓을
내 운명의 슬픈 모습을 본다

―「연鳶」 전문

시 「연」에는 삶 또는 인생에 대한 극명한 메타포가 제시돼 있다. 한마디로 그것은 운명적 존재론이라 할 수 있다. "하늘로 꿈을 싣고 날아오른다/ 치운 동구 밖 외줄 실에 매달려// 삶의 길이만큼의 실의 거리"라는 구절 속에는 한계적 존재로서 운명 의식이 담겨져 있다. 삶이란 그만큼 꿈을 지니고 살아가지만 늘 춥고 외로운 존재이며, "삶의 길이만큼의 실의 거리"와 같이 한계 지워진 삶으로서의 허무의 존재라는 뜻이다.

무엇보다 "오롯 외줄 끊기면/ 완전한 자유의 나라"와 같이 인간은 본성상 자유의 존재이기도 하지만, 근원적으로는 "하늘 어디론가 날아가다가/ 알 수 없는 나뭇가지 어딘가에/ 조용히 한 생애를 내려놓을/ 내 운명의 슬픈 모습"처럼 운명의 필연에서 벗어나기 어려운 허무하고 슬픈 존재일 수밖에 없는 것이 분명하다.

이러한 운명적 존재론은 그러기에 혈연과 인연의 문제로 확대심화 되어간다.

잘라내도 잘라내도 끊어지지 않는다
배꼽으로 이어진 이 인연의 동아줄은

아무리 멀리 떨어져 있어도
보이지 않는 마음의 핏줄강물이
밤낮으로 굽이치고 있다

저절로 전해지는 떨림은
수만 볼트 느낌으로 울려오고
얼굴에 그늘의 집을 짓는다
백목련 환한 빛과 속 깊은 그림자

어찌할 수 없는 이 쇠사슬은
혼결 속에 깊이깊이 뿌리내리고

한쪽 끝이 영구히 삭아 내려도
이미 담겨진 혼적의 핏줄 끌리는 소리
남아 있는 마음줄을 끊임없이 흔들어댄다
—「배꼽 동아줄」 전문

사실 생각해 보면 그렇지 아니한가? 인간이란 삶이란, "잘라내도 잘라내도 끊어지지 않는/ 배꼽으로 이어진 이 인연의 동아줄"에 묶여 살아가는 게 아니겠는가? 또한 "아무리 멀리 떨어져 있어도/ 보이지 않는 마음의 핏줄강물" 따라 세상사가 굽이쳐 가는 것이기에 삶이란, 인연이란 "어찌할 수 없는 이 쇠사슬"의 모습으로 인생사에 매달려 살아갈 수밖에 없는 것이다.

  그렇다. 인생이란 "이미 담겨진 흔적의 핏줄 끌리는 소리"와 같이 운명을 살아가는 존재이며 "남아 있는 마음줄을 끊임없이 흔들어대며"와 같이 인연 따라 왔다가 인연 따라 또 흘러갈 수밖에 없는 존재임이 자명한 이치이다. 실상 역사란 것도 따지고 보면 「배꼽 동아줄」의 시간적 연장과정이고 공간적 확대과정이 아니겠는가 하는 말이다. 우리네 삶도, 역사 자체도 "배꼽으로 이어진 이 인연의 동아줄"을 따라가는 것이고, "보이지 않는 마음의 핏줄강물" "어찌할 수 없는 이 쇠사슬"에 매이고 끌려 흘러갈 수밖에 없는 모습인 것이다.

  이 시집에는 운명적 존재로서 인간과 인생에 대한 탐구가 지속적으로 펼쳐지고 있다는 점에서 시의 내면성이 확보되고 있는 모습이다.

3. 흙의 정신 또는 민중적 생명력을 위하여

  시집에서 주목할 또 한 가지 사실은 이 시집에 삶의 고향, 목숨의 뿌리로서 흙의 정신 또는 민중적 생명력을 노래하고 있다는 점이다.

> ① 굽이진 산비탈에 펼쳐지는
>   잔잔한 보리물살 강물살
>   파릇파릇 눈을 뜨는 시금치바다

그 시푸런 밭뙈기에서
머리수건 깊이 둘러쓴 채
허리 굽혀 바쁜 손 놀리는 어머니, 어머니의 실루엣

이를 아름다운 풍경이라고
붕어 입 오물오물 벙그는데

흙을 빌어먹고 사는 농투성이에겐
숨 가쁜 생의 너덜길
아리는 몸뚱어리 땅속에 쏟아 부어
피어나는 흙꽃
그것을 목숨의 꽃이라 했던가
—「어머니의 실루엣」 전문

② 물이랑 넘실넘실 논두렁에 앉아 있네
이른 아침 흙탕물 쪼린 작업복
무릎장화 논물 그림자에 담가 놓고
침묵처럼 삽자루 세워둔 채
목숨줄 물끄러미 응시하고 있네
흰 등짝 구부려 땀방울로 메꾸어질 논뙈기
빛과 어둠 거미줄 줄 얼크러져
물그림자 이랑이랑 흔들거리네

밤이면 끙끙 구들장 꺼져라 속앓이하던 아버지
논두렁에서 한 뼘 생을 다 태우며

어린 꿈을 가꾸다가 그냥 떠나보냈네
허리 한번 제대로 펴보지 못한 채
주름 깊은 몸 흙살에 남긴 영혼의 발자국
아픈 향기 아른아른 코끝을 찔러 오네
　　　　　　　　　　―「논두렁에 앉아서」 전문

　이 두 편의 시에는 대지사상이랄까 흙의 정신이 내밀하게 물결치고 있는 것이 특징이다. 굳이 이 두 편의 시 뿐만 아니라 시집 전체에는 삶의 뿌리, 목숨의 고향으로서 대지와 흙에 대한 경배와 예찬이 다양하고 깊이 있게 펼쳐지고 있는 모습인 것이다.
　먼저 시 ①에서는 그것이 어머니와 고향의 모습으로 육화 되어 나타난다. "굽이진 산비탈// 그 시푸런 밭뙈기에서/ 머리수건 깊이 둘러쓴 채/ 허리 굽혀 바쁜 손 놀리는 어머니, 어머니의 실루엣" 속에는 어머니가 바로 고향이고 고향이 바로 시인 삶의 뿌리이며, 그 점에서 농심이 시인 정신의 근원이라는 사실이 제시돼 있다. 아울러 "이를 아름다운 풍경이라고/ 붕어 입 오물오물 벙그는데// 흙을 빌어먹고 사는 농투성이에겐/ 숨가쁜 생의 너덜길"이라는 구절을 통해 '농자천하지대본'으로서 농민이 바로 세상의 근본이며 하늘이라고 하는 농심사상 또는 민중적 대지사상을 제시하고 있는 것으로 여겨진다.
　무엇보다 "아리는 몸뚱어리 땅속에 쏟아 부어/ 피어나는 흙꽃/ 그것을 목숨의 꽃이라 했던가"라는 결구 속에는 농민과 농심에 대한 무한한 신뢰와 공경의 마음을 담고 있는 것으로 여겨진다는 점에서 관심을 환기한다.

시 ②도 마찬가지다. "허리 한번 제대로 펴보지 못한 채/ 주름 깊은 몸 흙살에 남긴 영혼의 발자국/ 아픈 향기 아른아른 코끝을 찔러 오네"라는 구절을 통해 농촌이 바로 시인의 목숨의 고향이자 수많은 사람들에게 있어서도 생명의 근원이라고 하는 농심사상 또는 민중적 생명력에 대한 감사와 경배의 마음이 펼쳐지고 있는 모습인 것이다. 그러면서도 목숨의 뿌리로서 농촌 또는 농심은 바로 온갖 수난과 역경의 상징이기도 하지만 그러기에 더욱 소중하고 아름다운 생명의 고향으로서 의미를 지닐 수도 있을 것을 강조하는 뜻이 담겨져 있다.

다음 시가 그 한 예가 될 수 있겠다.

> 황소걸음으로 들판을 가고 있다
> 수없이 밟고 간 발자국 소리
> 웃음소리 한숨 소리 떼바람 소리
>
> 야생의 땅
> 앙가슴 서로 넘보지 못하게
> 둘러친 황토 울타리
> 표지 없는 문패들 바람처럼 걸려 있다
>
> 낮은 자리 흘러드는 물줄기가
> 차오르며 수평수평 물살 짓는
> 크나큰 밥그릇 물막이가 되어
> 흙살 물컹물컹 벼꽃을 키운다

논둑길 발자국 울음울음 들으며
벼 이삭은 익어 간다 했던가
한 생을 여기 묻고 간 살과 뼈들
들머리는 사무치게 초록물결 치누나

나는 할아버지의, 아버지의
거북등거리에 업혀 타박타박 논두렁을 걸어간다
―「자운영 논둑길을 걸으며」 전문

  조상대대 선조들께서 뼈와 살을 묻어온 곳으로서의 고향, 또한 시인이 나고 자란 삶의 현장이자 목숨의 뿌리로서 농촌과 자연은 하늘과 땅이 함께 어우러져서 온갖 지상의 동식물들에게 생명의 젖줄을 대고 있는 곳이기에 그야말로 초록물결 장엄하게 물결치는 소중한 곳이며 동시에 아름다운 낙원으로서 상징성을 지니는 것이다. 이처럼 우리네 삶의 본바탕이자 뿌리로서의 농촌·농심을 노래함으로써 삶의 근원을 소중히 하고 민중적 생명력을 존중하는 마음이야말로 전석홍 시인의 인생관 내지 세계관의 근본바탕을 잘 보여 주는 것이라는 점에서 의미를 지닌다.

4. 시간의 존재론을 생각하며

  아울러 이번 시집에서 간과할 수 없는 것은 시집 속에 삶의 본성에 대한 통찰, 즉 시간 위의 존재로서 인간에 대한 사색이

지속적으로 나타난다는 점이다.

　　어디로 흘러가는가

　　누구에게나 고르게
　　이름 없는 빈칸으로 지나가는 기차,
　　빈칸을 그대로 보내는 사람
　　차곡차곡 채워서 보내는 사람

　　기차에 실려 가는 것은
　　자유로운 선택으로 만든 땀의 결실,
　　삶의 의미도 일구어 낸 역사도
　　꼬리표 붙여 함께 실려 간다

　　아무것도 싣지 않아도
　　소리 없이 빈칸으로 달려간다
　　쉬어 가는 간이역이 없어 기다려 주지도 않고
　　언제나 새로운 시간의 기차만 다가올 뿐

　　아쉬워 지난 이름을 부르면
　　뉘우침과 그리움만 날개를 편다
　　그대로 보내버릴 것인가
　　시간이라는 내 인생의 고속열차를
　　　　　　　　　　　　―「시간 고속열차」 전문

사실 그렇지 아니한가? 우리 모두가 다 시간의 고속열차를 타고 어딘가로 달려가고 있는 모습이 아니겠는가? 사람에 따라서 "이름 없는 빈칸으로 지나가는 사람"도 있고, "빈칸을 그대로 보내는 사람", "차곡차곡 채워서 보내는 사람"들도 있기 마련이 아닌가. 그야말로 모든 사람들은 시간 속에서 태어나 시간이라는 고속열차를 타고 달려가다가 언젠가는 열차에서 내려서 시간 밖으로 사라져버리는 시간 속의 존재, 시간 위의 존재라는 뜻이 되겠다. "아무것도 싣지 않아도/ 소리 없이 빈칸으로 달려가는" 기차의 모습, 그리고 "쉬어 가는 간이역이 없어 기다려 주지도 않고/ 언제나 새로운 시간의 기차만 다가오는" 모습 속에는 시간의 존재로서 인간의 본질에 대한 깊은 성찰이 담겨 있는 것이다. 그것은 바로 혼자 달려가야 하는 고독한 존재로서의 인간, 일회적 존재로서 한 번밖에 살 수 없는 죽음의 존재로서 인간 본질을 극명하게 표상한 것이 아닐 수 없겠다.

　결국 모든 인간은 시간이라는 고속열차를 타고 달려가는 승객이기에 언젠가는 열차에서 내려 허무로 사라져 갈 수밖에 없다는 뜻이다.

　시 「무쇠가위」에는 이러한 시간적 존재론이 더 심화 되어 나타난다.

　　　무쇠가위 양날이 물리는
　　　찰나의 경계에서
　　　은빛 가위 소리를 물고

거울 속으로 온몸을 던진다

여태 몸뚱이 맨 윗자리에서
나를 나이게 한 흰 머리카락들
시간의 두께를 밟고
치밀고 올라오는 또 다른 어린 힘에 밀려
그만 생의 끄나풀 놓아버리는구나

새로운 물결이 파도파도 밀려오는구나
가지런히 줄지어 서서
날 선 세상을 달려오고 있구나

찰각찰각 가윗날이
무쇠 세월을 끊어 내고 있구나

—「무쇠가위」전문

 결국 산다는 것은 시간 위를 달려가는 것이기에 그것은 시간과의 싸움이고 화해이며 극복의 과정이라고 할 수 있다. 그야말로 세상 모든 것 중에서 시간이 가장 위대한 정복자이고 세상만사를 다스리는 힘이 아니겠는가? 하이데거(M. Heidegger)의 『존재와 시간』 신화에서도 읽을 수 있듯이 시간의 신(神, Saturn)이야말로 모든 신들 중에서도 가장 위대한 신이자 최후의 신으로 표상되지 않았던가? 세상의 모든 사물들, 생명 있는 것들은 물론 제도, 관습, 역사까지도, 아니 산천초목 모든 것들이 시간 속에서 생성되고 변천되며 마침내 소멸 되어가는 시간적 숙명성을 지닌다는 뜻이다. 그러기에 "찰각찰각 가윗날이/ 무쇠 세월을 끊어 내고 있구나"라는 결구는 바로 시간 앞에서 끝없이 겸허하고 순응해야 하는 만고의 철리를 담고 있다고 하겠다.

바로 이러한 시간적 존재론을 통해 삶의 원리와 우주의 순환 이치를 깊이있게 들여다보고 있다는 점에서 시인의 정신적 깊이 또는 인간적 경륜을 읽어 볼 수 있음은 물론이다. 또한 이런 철학적인 탐구정신을 지속적으로 담고 있기에 그의 시인으로서의 발전 가능성이 담보될 수 있음은 물론이다.

5. 맺음말, 프로페셔널리즘을 향하여

이렇게 본다면 전석홍 시인의 시세계는 그 시적 출발이 늦어진 데 비해서 그의 시와 시 정신은 이미 준비돼 있던 모습이 아닌가 한다. 그만큼 인생과 세계를 보는 눈과 정신이 넓고 깊이를 지니고 있다는 뜻이 되겠다.

또 한가지, 그의 시에는 식물적 상상력이 지속적으로 작용하고 있다는 점을 특징으로 지적할 수 있다. 그의 시집에는 '오동나무/은행나무/해바라기/맥문동/너도밤나무/밤톨/들깻잎/억새풀/칡넝쿨' 등 무수한 식물적 이미저리들이 지속적·반복적으로 활용됨으로써 하나의 상상력 체계를 이루고 있다.

그렇다면 이러한 식물상상력의 의미는 무엇이겠는가? 한마디로 그것은 전석홍 시인의 시 정신이 선善 지향성, 즉 휴머니즘을 지향하고 있는 까닭으로 받아들여진다. 한 자리에서 싹트고 자라면서 묵묵히 비바람 눈보라를 겪고 이겨 내며 살아가면서 해마다 농사지은 모든 결실들을 세상에다 바치고 쓸쓸히 떠나가는 식물들의 모습이야말로 바로 이름없는 성자의 모습 그것과 다름없기 때문이다. 실상 그의 시가 앞에서 살펴본 것처럼 농촌의 삶 또는 농민의 마음을 바탕으로 하는 것과도 이것은 일맥상통하는 것이라고 하겠다.

자신에게 허여된 운명의 몫을 충실하게 성심성의 살아가려는 자세 속에서 어진 이웃들과 소외된 생명들을 사랑하며 공동선을 향해 나아가려는 것이 전석홍 시인의 시적 지향이라는 뜻이다.

물론 앞으로 전 시인이 더 유념할 것도 많다. 무엇보다 늦은 나이에 출발했기에 여기 또는 아마추어리즘을 극복해 내는 일이 가장 중요한 관건이 되겠다. 비교적 늦깎이 시인들이 크게 발전하지 못하는 것은 바로 시를 취미활동 또는 여가선용 정도로 생각하기 때문인 경우가 많다. 이에 전석홍 시인은 그간 한 생애를 누구보다 치열하게 살아왔고 거기에서 나름의 열매와 성과를 거두어온 분이기에 이 점을 잘 극복하여 나아가리라고 믿는다. 따라서 좀 더 치열한 장인정신, 프로페셔널리즘을 갖고 각고정진해 가야만 하리라고 생각한다. 피를 잉크로(Blood in ink!) 삼아 전심전력 시를 써간다면 분명 시인으로서도 성공하는 모습을 볼 수 있으리라고 확신한다. 이 점에서 하나의 주제를 넓고 깊이 있게 파고들어 정신의 넓이와 깊이를 보여 줄 수 있는 연작시나 서사시를 시도해 보는 것도 한 방안이 될 것이다. 또한 우리의 전통문학자산을 더욱 공부하여 실험시나 해

체시를 시도해 보는 것도 좋은 활로를 열어 갈 수 있으리라.
　시인의 각고정진을 고대하면서 다음 시집에선 더 일관되고 깊이 있는 정신의 도전과 탐험을 맛볼 수 있기를 희망한다.

자운영 논둑길을 걸으며

지은이 | 전석홍
펴낸이 | 김재룡
펴낸곳 | 시학 Poetics
1판1쇄 | 2006년 12월 30일
출판등록 | 2003년 4월 3일
주소 | 서울 종로구 명륜동1가 42
전화 | 744-0110
FAX | 3672-2674

값 6,000원

ISBN 89-91914-19-5 03810

* 저자와의 협의에 의해 인지를 생략합니다.
* 잘못된 책은 바꾸어 드립니다.